EL MAGO ANTONIO GAUDÍ

MARIBEL PEDRERA

 Edición Original. Editorial Neurocoach Ancestral. Primera Edición Septiembre 2024. ISBN-9788409645213

Dedicatoria

Gracias Carlos por animarme a compartir la esencia de Gaudí, porque en cada niño hay un artesano del futuro.

Índice

El Mago Antonio Gaudí

Érase una vez ...en un pequeño sitio de un gran ciudad llamada Barcelona... situada en una costa de España...

¡Nacería un pequeño mago llamado Antonio Gaudí!

Antonio aún no lo sabía, pero estaba destinado a hacer magia con las pequeñas cosas que encontraba.

Podía ver cosas que otras personas no veían.

Se quedaba quieto mirando los edificios y las casas... pues veía cómo emanaban una luz brillante, que destacaba en medio del asfalto y las aceras de su ciudad.

¡Parecía que los edificios querían hablarle adoptando formas mágicas y susurrando como el viento!

Un día mientras paseaba por un parque...

...se encontró con un gran árbol con hojas brillantes, y ramas llenas de luz, que se retorcían desde el suelo hasta el cielo.

¡Se imaginaba que el árbol era un castillo mágico donde habitaban criaturas fantásticas y maravillosas que siempre estaban riéndose y alegres, pues les encantaba vivir ahí!

¡Entonces supo que quería construir casas para hacer a la gente feliz! Decidió aprender a construirlas y se puso a buscar donde estudiar...

...Y encontró una escuela de arte en Barcelona, donde le enseñaron a mezclar su mundo mágico con la naturaleza y los colores vivos de sus sueños.

Se pasaba noches enteras dibujando en su cuaderno esas casas mágicas, ¡hechas con cariño y amor para llenarlas de Felicidad y criaturas bondadosas, repletas de árboles y naturaleza!

Y el niño fue creciendo entre dibujos y dibujos...hasta que un día le encargaron realizar una iglesia dedicada a la Sagrada Familia.

Antonio, decidió que ese lugar sería un lugar mágico donde todo el mundo que entrase encontrase la bondad y al mirarla pudiese sonreír.

¡Tenía muchos mosaicos como el arcoíris, deslumbrando con colores intensos, frutas y grandes torres parecidas a los árboles!

Las personas que se acercaban al lugar se quedaban embobados mirando como se construía... ¡Y empezaron a encargarle la construcción de más cosas!

Hizo un parque lleno de azulejos brillantes, para que jugaran los niños y pasearan con sus padres...

...llamado el Parque Güell.

¡Sabías cuando entrabas, pero no cuando salías sin parar de soñar!

Construyó la Casa Batlló imaginando un dragón dormido que vigilaba a los niños mientras jugaban.

Antonio trabajaba duro pero también disfrutaba de la vida.

¡Se sentía maravillado por escuchar a los músicos de la calle, paseaba por el mercado...

...y se detenía a mirar como los pajarillos construían sus nidos!

Todo lo que sentía lo plasmaba en sus obras.

Y llegó la creación de la Pedrera ¡La casa mágica de la tranquilidad!, donde cada trocito era un poquito de su corazón...¡Le encantaba ver sonreír a las personas que la visitaban y la sensación de felicidad invadía su ser!

Y aunque no vio terminado el gran sueño de la Sagrada Familia...ese niño que soñó con ser arquitecto, ¡vio cumplidos sus sueños!

Sin perder su alma de niño, y la gran admiración que sentía por la naturaleza.

¡Era un arquitecto de la sostenibilidad...

...cuidando su entorno y disfrutando de cada rincón de su ciudad haciendo magia con sus sueños!

El creía que “La creatividad es la solución a los problemas del mundo”.

Ccoatino is the colution
to to vale world's problems

¡¡Y colorín colorado, este cuento se ha acabado, y el gran arquitecto Gaudí, un mundo mejor nos ha dejado!!

Fin

Su frase: El gran libro siempre abierto y que hay que esforzarse en leer, es el de la naturaleza.

CANCIÓN: EL MAGO GAUDÍ

(Clic para escuchar)

https://youtu.be/Jhivq_uoZ9Q

YouTube Radio Global Coach & Pnl

Realizado por
Maribel Pedrera
CANCIÓN: EL MAGO GAUDÍ

CANCIÓN: EL MAGO GAUDÍ (Letra)

En Barcelona,
un niño soñador,
Antonio Gaudí,
con gran corazón.
Dibujando castillos bajo el cielo,
de colores y formas mágicas,
¡Un genio!

Ohhhhh,
Mago Gaudí,
naturaleza es tu mundo,
oohh
Mago Gaudí,
arquitecto de sueños,
ooohh

Mago Gaudí,
un mundo mejor queremos.

Miraba la naturaleza,
la vida al andar,
Un árbol con mil colores
lo hizo soñar.
Creó la Sagrada Familia,
alta y sin par,
Torres que parecen danzar,
bajo el azul mar.

Ohhhhh,
Mago Gaudí,
naturaleza es tu mundo,
oohh
Mago Gaudí,
arquitecto de sueños,

ooohh
Mago Gaudí,
un mundo mejor queremos.

Y sigue creando
paredes que cantan,
techos de sol,
un dragón dormido
así es la casa Batlló.
Mosaicos de colores,
es el Parque Güell,
con un dragón de cerámica
¡Qué maravilla es!

Ohhhhh,
Mago Gaudí,
naturaleza es tu mundo,
oohh

Mago Gaudí,
arquitecto de sueños,
ooohh
Mago Gaudí,
un mundo mejor queremos.

Mago Gaudí
cuidando su entorno,
cada rincón de su ciudad,
y de sus obras disfrutamos,
todos los que las contemplamos.
En la casa de la Pedrera
donde hay felicidad
¡Y tranquilidad plena!

Ohhhhh,
Mago Gaudí,
naturaleza es tu mundo,

oohh

Mago Gaudí,

arquitecto de sueños

ooohh

Mago Gaudí,

un mundo mejor queremos.

Y aunque ya no esté,

respetad la naturaleza

pues en sus obras nos la ha dejado,

el Mago Gaudí,

¡una ciudad mejor ha creado!

ooohhhhhhh

Puedes encontrar la canción en varios idiomas en el YouTube de Radio Global Coach & Pnl

https://www.youtube.com/playlist?list=PLuWafp2bnQaBOv5o6vptbsNIWmV4pr6eq

Reflexión

La lección que nos enseña Antonio Gaudí, es la de la bondad, y el amor a la naturaleza.

Él sabía que aprendiendo, estudiando y trabajando, se puede lograr cualquier cosa. E incluso olvidar las ofensas que nos hacen las personas, que no comprenden el trabajo que estás realizando o que te critican por ser diferente.

Autor: Maribel Pedrera Pérez

Instagram @maribel.pedrera

LinkedIn: Maribel Pedrera

YouTube: Radio Global Coach & Pnl

NOTA

Las imágenes de este libro han sido realizadas con Inteligencia Artificial Microsoft Copilot. La letra de la canción y la narración del cuento, ha sido realizada en su totalidad por la escritora Maribel Pedrera Pérez.

www.ingramcontent.com/pod-product-compliance
Lightning Source LLC
LaVergne TN
LVHW021308160826
845679LV00001B/253
* 9 7 8 8 4 0 9 6 4 5 2 1 3 *